Eckhart Tolle

Eintauchen in die innere Stille

Stille ist dein eigentliches Wesen.
Wenn du den Kontakt zur inneren Stille verlierst,
verlierst du den Kontakt zu dir selbst.
Du verlierst dich in der Welt.

Dein innerstes Gefühl von dir selbst,
das Gefühl, wer du bist,
ist eins mit der Stille.
Es ist das ICH BIN,
das tiefer ist als Name und Form.

Auf die Stille zu hören,
weckt die Dimension der Stille in dir.
Denn nur durch die Stille
wirst du der Stille gewahr.

Sobald du der Stille gewahr wirst,
bist du in einem Zustand stiller innerer Wachheit.
Du bist gegenwärtig.
Du bist aus der tausendjährigen
kollektiven Konditionierung
herausgetreten.

Wahre Intelligenz wirkt im Stillen.
Nur in der Stille finden wir Kreativität
und die richtigen Lösungen.

Ist Stille nur die Abwesenheit von
Geräuschen und Inhalten?
Nein, sie ist reine Intelligenz –
das allem zugrunde liegende Bewusstsein,
aus dem jede Form geboren wird.
Und könnte das getrennt von dem sein, was du bist?
Es ist die Essenz aller Galaxien, aller Grashalme,
aller Blumen, Bäume, Vögel
und jeglicher Form.

Weisheit geht mit der Fähigkeit einher,
still zu sein.
Schaue einfach und lausche einfach.
Nichts sonst ist nötig.
Unser Stillsein, Schauen und Lauschen
aktiviert unsere konzeptfreie Intelligenz.
Lass die Stille all deine Worte
und Handlungen leiten.

In dir, wie in jedem Menschen,
gibt es eine Bewusstseinsdimension,
die tiefer reicht als jeder Gedanke.
Liebe, Freude, schöpferische Expansion
und bleibender innerer Friede
können nur durch diese
nicht-konditionierte Dimension des Bewusstseins
in dein Leben kommen.

Der Strom des Denkens besitzt eine enorme Kraft,
die dich leicht mit sich reißen kann.
Jeder Gedanke gibt vor, so wichtig zu sein.
Er will deine Aufmerksamkeit voll und ganz.
Hier ist eine neue spirituelle Praxis:
Nimm deine Gedanken nicht so wichtig.

Weisheit taucht auf,
wenn du einem Menschen oder einem Ding
deine volle Aufmerksamkeit schenkst.
Aufmerksamkeit ist die Ur-Intelligenz,
sie ist reines Bewusstsein.
Sie verbindet den Wahrnehmenden
und das Wahrgenommene in einem einigenden Feld
des Gewahrseins.
Sie heilt jede Trennung.

Klugheit ohne Weisheit
ist extrem gefährlich
und zerstörerisch.

Das Leben zu meistern,
ist das Gegenteil von Kontrolle.

Der Verstand sucht ständig
nach seinem Gefühl von Selbst.
Wenn jeder Gedanke deine Aufmerksamkeit
vollständig absorbiert,
bist du mit der Stimme in deinem Kopf identifiziert.
Dann wird das Denken mit einem Selbstgefühl ausgestattet.
Dieses vom Verstand gebildete Selbst
kommt sich unvollständig und bedroht vor.
Deshalb sind Angst und Begehren
seine vorherrschenden Emotionen
und Antriebskräfte.

Wenn du durch das Ego lebst,
reduzierst du den gegenwärtigen Augenblick
auf ein Mittel zum Zweck.
Du lebst für die Zukunft,
und wenn du deine Ziele erreichst,
befriedigen sie dich nicht
oder nur für kurze Zeit.

In fast jedem Ego gibt es etwas,
das wir als Opferidentität bezeichnen könnten.
Bei manchen Menschen
ist die Opferidentität so ausgeprägt,
dass sie zum Kern ihres Ichs wird.
Groll und Beschwerden bilden einen essenziellen Teil
ihres Selbstgefühls.

Neid ist ein Nebenprodukt des Ego.
Das Ego fühlt sich gemindert,
wenn anderen etwas Gutes widerfährt
oder wenn ein anderer mehr weiß
oder mehr tun kann als du.
Die Identität des Ego beruht auf Vergleichen.
Es will immer mehr und greift nach allem.

Dein Gefühl, unglücklich zu sein,
beruht nicht auf deinen Lebensumständen,
sondern auf der Prägung deines Verstandes.

Empfindest du Schuldgefühle wegen etwas,
das du einst getan oder zu tun versäumt hast?
Eins ist sicher:
Du hast aufgrund deines derzeitigen Bewusstseins
oder eher Unbewusstseins gehandelt.
Die Worte Jesu „Vergib ihnen,
denn sie wissen nicht, was sie tun"
gelten auch für dich.

Wenn sich deine Aufmerksamkeit
auf das Jetzt richtet, taucht Wachheit auf.
Das ist, als wachtest du
aus dem Traum des Denkens auf,
dem Traum von Vergangenheit und Zukunft.
Solche Klarheit, solche Einfachheit!

Alles, was du wahrnimmst, ist heilig,
wenn du gegenwärtig bist.
Je mehr du im Jetzt lebst, desto mehr spürst du
die einfache, aber tiefe Freude des Seins
und die Heiligkeit allen Lebens.

Ich bin nicht meine Gedanken, Gefühle,
Sinneswahrnehmungen und Erfahrungen.
Ich bin nicht das, was in meinem Leben geschieht.
Ich bin Leben.
Ich bin der Raum, in dem alle Dinge geschehen.
Ich bin Bewusstsein.
Ich bin das Jetzt.
Ich Bin.

Viele Dinge in deinem Leben
sind von Bedeutung,
aber nur eines ist von absoluter Bedeutung:
Du findest den Frieden nicht,
indem du deine Lebensumstände umstellst,
sondern indem du erkennst,
wer du auf der tiefsten Ebene bist.

Du kannst dich
weder in der Vergangenheit
noch in der Zukunft finden.
Der einzige Ort,
an dem du dich finden kannst,
ist im Jetzt.

Wenn du weißt, wer du wirklich bist,
herrscht ein bleibendes
lebendiges Gefühl des Friedens.
Man könnte es Freude nennen,
denn Freude ist genau das:
ein quicklebendiger Frieden.
Es ist die Freude des Seins,
die Freude, zu sein,
wer du wirklich bist.

Immer, wenn du diesen Augenblick
ganz und gar akzeptierst, wie er ist,
ganz gleich, welche Form er annimmt,
dann bist du still.
Du bist in Frieden.

Hingabe entsteht,
wenn du nicht länger fragst:
„Warum muss mir das geschehen?"
Das Nicht-Annehmbare anzunehmen,
ist die größte Quelle der Gnade
in dieser Welt.

Bringe Akzeptanz in deine Nicht-Akzeptanz.

Bringe Hingabe in deine Nicht-Hingabe.

Und dann schau, was passiert.

Manchmal bedeutet Hingabe,
den Versuch aufzugeben,
die Dinge zu verstehen,
und stattdessen mit dem Nichtwissen
einverstanden zu sein.

Wenn Dinge in deinem Leben zu Ende gehen
und du es zu akzeptieren
oder sogar willkommen zu heißen lernst,
dann könntest du entdecken,
dass das anfänglich unangenehme Gefühl der Leere
sich in eine Empfindung innerer Weite verwandelt,
die zutiefst friedlich ist.

Wenn du in der Natur weilst, ehre sie,
indem du voll und ganz präsent bist.
Sei still. Schaue. Lausche.
Sieh, wie jedes Tier und jede Pflanze
vollkommen sie selbst sind.

Gib den vielen feinen Geräuschen der Natur
deine Aufmerksamkeit –
dem Rascheln der Blätter im Wind,
dem Fallen der Regentropfen, dem Summen einer Biene,
dem ersten Vogelgesang am Morgen.
Gib dich dem Lauschen vollkommen hin.
Hinter den Klängen steht etwas Größeres:
etwas, das so heilig ist,
dass wir es mit dem Denken
nicht fassen können.

Beobachte ein Tier, eine Blume, einen Baum
und sieh, wie sie im Sein ruhen.
Ein jedes ist es selbst.
Ein jedes besitzt große Würde,
Unschuld und Heiligkeit.

Du verbindest dich auf intimste
und mächtigste Weise wieder mit der Natur,
wenn du dir deines Atems bewusst wirst und lernst,
mit deiner Aufmerksamkeit bei ihm zu bleiben.
Das gibt dir Heilung und tiefe Kraft.

Betrachte einen Baum, eine Blume, eine Pflanze.

Lass dein Gewahrsein auf ihnen ruhen.

Wie still sie sind, wie tief verwurzelt im Sein!

Erlaube der Natur, dich Stille zu lehren.

Wenn du einen Baum betrachtest
und seine Stille wahrnimmst,
wirst du selbst still.
Du verbindest dich mit ihm auf einer sehr tiefen Ebene.
Du fühlst eine Einheit mit allem,
was du in der Stille
und durch die Stille wahrnimmst.

Liebe will nichts und fürchtet nichts.

Die meisten menschlichen Begegnungen
beschränken sich auf den Austausch von Worten,
den Bereich des Denkens.
Es ist essenziell,
dass du Stille in deine engen Beziehungen bringst.
Ohne das Gefühl der Weite,
das mit der Stille einhergeht,
kann keine Beziehung aufblühen.

Wenn du einen anderen Menschen anschaust
und tiefe Liebe verspürst
oder wenn du die Schönheit in der Natur betrachtest
und zutiefst berührt bist,
dann schließe kurz deine Augen
und spüre die Essenz jener Liebe
oder jener Schönheit in dir selbst.
Sie ist eins mit dem, was du bist,
eins mit deinem wahren Wesen.

Wenn du an Objekten hängst,
wenn du sie benutzt, um deinen Wert zu steigern,
dann kann die Beschäftigung mit ihnen
dein ganzes Leben vereinnahmen.
Wenn du dich mit den Dingen identifizierst,
schätzt du sie nicht als das, was sie sind,
weil du dich selbst
in ihnen suchst.

Wenn du irgendeinem Menschen begegnest,
und sei es noch so kurz –
würdigst du sein Wesen,
indem du ihm deine volle Aufmerksamkeit gibst?
Oder siehst du ihn nur als Mittel zum Zweck,
als reine Funktion oder Rolle?
Ein Augenblick der Aufmerksamkeit ist genug.
Du folgst nicht länger irgendeinem Drehbuch,
sondern du wirst echt.

Tod ist nicht das Gegenteil von Leben.
Es gibt kein Gegenteil zum Leben.
Das Gegenteil von Tod ist Geburt.
Leben ist ewig.

Der Tod tritt in dein Leben
als das Gewahrsein deiner eigenen Sterblichkeit.
Wenn du die vergängliche Natur aller Lebensformen
erkennst und annimmst,
kommt ein Gefühl des Friedens über dich.

Eine Kultur, die den Tod leugnet,
wird unweigerlich seicht und oberflächlich.
Sie befasst sich nur mit der äußeren Form der Dinge.
Wenn der Tod geleugnet wird,
verliert das Leben seine Tiefe.

Der Tod ist die Öffnung
in die Dimension des Transzendenten,
die Möglichkeit zu wissen,
wer wir jenseits von Name und Form
wirklich sind.

Mit der Stille
kommt die Segnung des Friedens.

Die wechselseitige Verbindung
zwischen allen Dingen ist etwas,
von dem die Buddhisten immer schon gewusst haben
und das die Physiker jetzt bestätigen.
Nichts von allem, was geschieht, ist ein isoliertes Ereignis.
Je mehr wir etwas mit Namen belegen,
desto mehr isolieren wir es.
Unser Denken zerstückelt
die Gesamtheit des Lebens.

Wahre Freiheit heißt, so zu leben,
als hättest du alles,
was du in diesem Augenblick fühlst und erfährst,
selbst genau so gewählt.
Diese innere Ausrichtung auf das Jetzt
ist das Ende des Leidens.

Ist das Leiden wirklich notwendig? Ja und nein.
Wenn du in deinem Leben nicht gelitten hättest,
gäbe es keine Tiefe in dir,
keine Demut und kein Mitgefühl.

Wenn du gewohnt bist,
dir selbst Leid zu erschaffen,
dann wirst du wahrscheinlich
auch anderen Leid erschaffen.

Du beginnst zu leiden,
sobald du eine Situation als schlecht bezeichnest.
Das führt zu einer inneren Verkrampfung.
Lässt du die Dinge aber sein, ohne sie zu benennen,
steht dir eine gewaltige Kraft zur Verfügung –
die Kraft des Lebens selbst.
Die Verkrampfung jedoch
schneidet dich ab von dieser Kraft,
der Kraft des Lebens selbst.

Eckhart Tolle gehört keiner speziellen Religion oder Tradition an. Die einfache aber tiefgreifende Botschaft seiner Lehre vermittelt er mit der zeitlosen und schlichten Klarheit aller wahren spirituellen Meister: es gibt einen Weg heraus aus dem Leiden, der direkt in den Frieden führt.

Seit Erscheinen seines ersten englischen Buches 1997 (*Power of Now*) ist Eckhart Tolles Bekanntheitsgrad als spiritueller Lehrer weltweit konstant gewachsen. Inzwischen sind seine Bücher in 35 Sprachen übersetzt und besitzen überall Bestsellerstatus.

Seit 1996 lebt er in Vancouver, Kanada.

Weitere Informationen zu Eckhart Tolle und seinen Workshops, Retreats, Seminaren und englischen CDs, DVDs sowie Eckhart Tolle TV finden Sie unter: **www.eckharttolle.com**

Infos zu Veranstaltungen in Deutschland, Netzwerken sowie weiteren Produkten von Eckhart Tolle finden Sie unter: **www.eckharttolle.de**

IMPRESSUM

Mit Sätzen aus:
Originaltitel: Stillness Speaks Inspiration Cards © Eckhart Tolle
Originalausgabe: New World Library, CA 2004
Deutsche Ausgabe: Stille spricht, 50 Inspirationskarten

Eckhart Tolle: Eintauchen in die innere Stille
Projektmanagement: Marianne Nentwig

info@j-kamphausen.de · www.weltinnenraum.de

Fotos: Katerina Planina / Shutterstock; Illustrationen: Lavandaart / Shutterstock
Gestaltung: Kurt Liebig
Druck & Verarbeitung: Westermann Druck Zwickau GmbH

ISBN 978-3-95883-007-3

1. Auflage 2015

Bibliografische Information der Deutschen Nationalbibliothek:

Die Deutsche Nationalbibliothek verzeichnet diese Publikation in der Deutschen Nationalbibliografie; detaillierte bibliografische Daten sind im Internet über http://dnb.d-nb.de abrufbar

Dieses Buch wurde auf Recyclingbilderdruckpapier gedruckt und ist alterungsbeständig. Weitere Informationen hierzu finden Sie unter www.weltinnenraum.de